AF531486

मदर टेरेसा

करुणा की प्रतीक

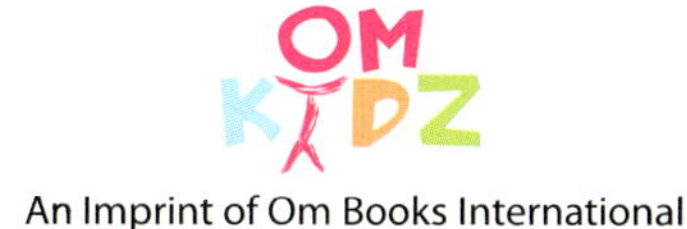

An Imprint of Om Books International

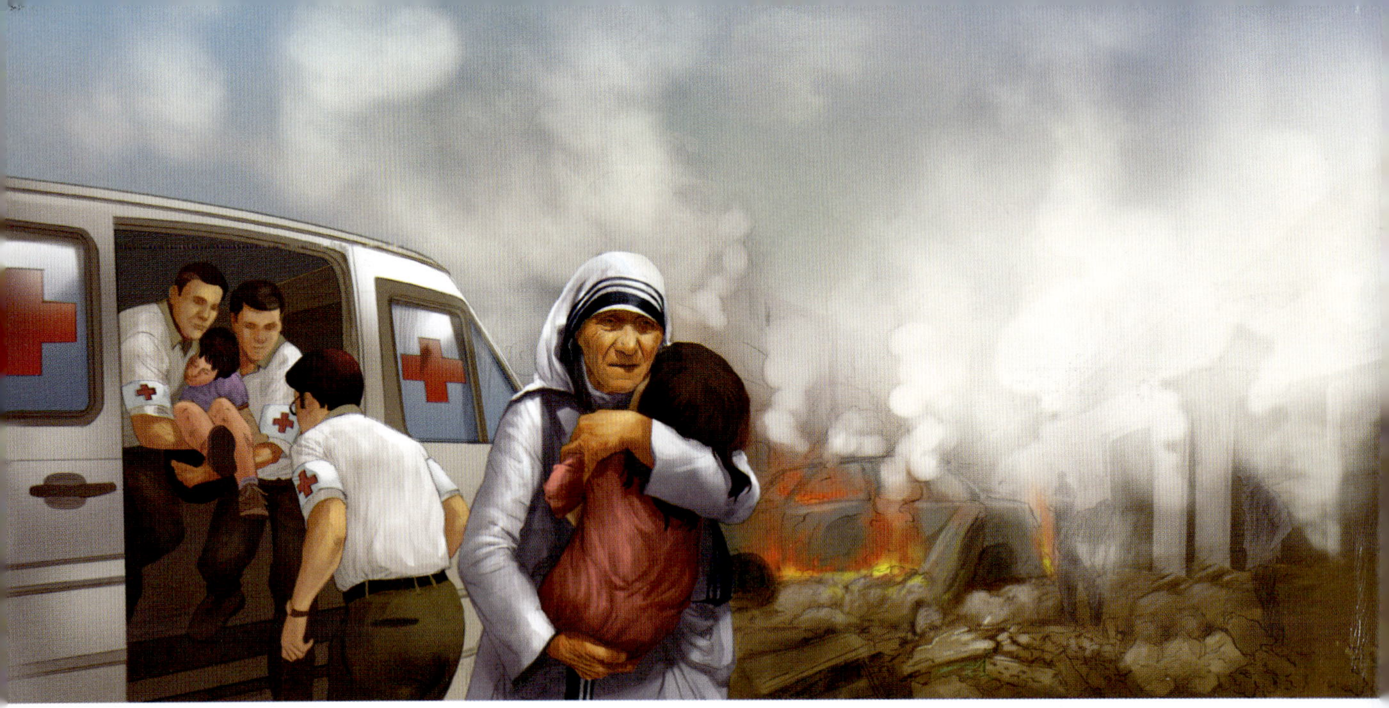

Published in 2014 by

An imprint of Om Books International

Corporate & Editorial Office
A 12, Sector 64, Noida 201 301
Uttar Pradesh, India
Phone: +91 120 477 4100
Email: editorial@ombooks.com
Website: www.ombooksinternational.com

Sales Office
4379/4B, Prakash House, Ansari Road
Darya Ganj, New Delhi 110 002, India
Phone: +91 11 2326 3363, 2326 5303
Fax: +91 11 2327 8091
Email: sales@ombooks.com
Website: www.ombooks.com

Content by Shubhojit Sanyal
Illustrations: Aadil Khan, Naushad Ali, Himanshu Sharma

ISBN : 978-93-82607-69-4

Printed at EIH Press, Gurgaon, India

10 9 8 7 6 5 4 3 2 1

अनुक्रम

जन्म

मदर टेरेसा का जन्म मेसेडोनिया गणराज्य की वर्तमान राजधानी स्कोपिया में 26 अगस्त 1910 को हुआ था। हालाँकि उनकी जन्मतिथि को लेकर विवाद है। उनका मूल नाम अग्नेस गोंकशे बोजशियू था। उनकी माता का नाम द्राना बोजशियू और पिता का नाम निकोला बोजशियू था, जो अल्बानियाई मूल के थे। उनके पिता व्यवसायी थे। वे राजनीति से सक्रियता से जुड़े थे और अल्बानियाई जनता की स्वतंत्रता के पक्षधर थे। उनका परिवार धर्मपरायण कैथोलिक था। अग्नेस से बड़ा एक भाई और एक बहन थी।

आरंभिक जीवन

अग्नेस जब 8 साल की थीं, तभी उनके पिता की मौत अचानक किसी बीमारी से हो गई। उनकी मौत का कारण अज्ञात ही रहा, लेकिन कई लोगों का मानना था कि उनके राजनीतिक विरोधियों ने उन्हें ज़हर दिया था। उनकी मौत के बाद अग्नेस अपनी माँ के बहुत निकट आ गईं, जो कि एक पुण्यात्मा और दयालु महिला थीं। उन्होंने अपनी बेटी को परोपकार का पाठ पढ़ाया।

निकोला की मौत के बाद उनका परिवार ग़रीब हो गया। हालाँकि, इसके बाद भी द्राना ग़रीबों को नियमित रूप से अपने यहाँ खाना खिलाती रहीं। इस प्रकार द्राना ने अपने बच्चों को शुरू से ही परोपकार और सेवा के संस्कार दिए।

धार्मिक जीवन

अग्नेस की पढ़ाई कॉन्वेंट प्राथमिक विद्यालय और फिर सरकारी सेकंडरी स्कूल में हुई। बचपन में अग्नेस स्थानीय सेक्रेड हार्ट भजन मंडली में गाया करती थीं। उनके धार्मिक संगठन को सेक्रेड हार्ट की रोमन कैथोलिक बस्ती का सहयोग मिला, जिसमें वे बहुत सक्रिय थीं। 12 वर्ष की उम्र में अग्नेस को धर्म-कर्म के लिए पहला ईश्वरीय संदेश मिला। उन्होंने भारत में काम करने वाले मिशनरियों के बारे में कई बार सुना था। उनका खिंचाव भी उनकी ओर होने लगा।

1928 में 18 साल की अग्नेस ने नन बनने का निश्चय किया और आयरलैंड के इंस्टीटयूट ऑफ ब्लेस्ड वर्जिन मैरी पहुँच गईं, जिसे सिस्टर्स ऑफ लॉरेटो भी कहा जाता है। वहाँ उन्हें सिस्टर मेरी टेरेसा का नाम दिया गया।

कुछ माह बाद वे भारत के लिए रवाना हुईं और जनवरी, 1929 में कोलकाता पहुँच गईं। दो साल बाद 24 मई को उन्होंने अपनी शपथ ली।

A for apple

शिक्षिका के रूप में सिस्टर टेरेसा

सिस्टर टेरेसा ने कोलकाता में लॉरेटो सिस्टर्स द्वारा संचालित सेंट मेरीज़ हाईस्कूल फॉर गर्ल्स में पढ़ाना शुरू कर दिया। इस तरह उन्होंने अपने को शहर के निर्धनतम परिवारों की लड़कियों को पढ़ाने में समर्पित कर दिया। सिस्टर टेरेसा ने बांग्ला और हिंदी में धाराप्रवाह बोलना सीख लिया। वे बहुत विशिष्ट शिक्षिका बन गईं।

24 मई 1937 को उन्होंने अपनी अंतिम शपथें लीं, और इसके बाद वे मदर टेरेसा कहलाने लगीं।

उन्होंने सेंट मेरीज़ स्कूल में पढ़ाना जारी रखा और 1944 में वे स्कूल की प्राचार्या बन गईं।

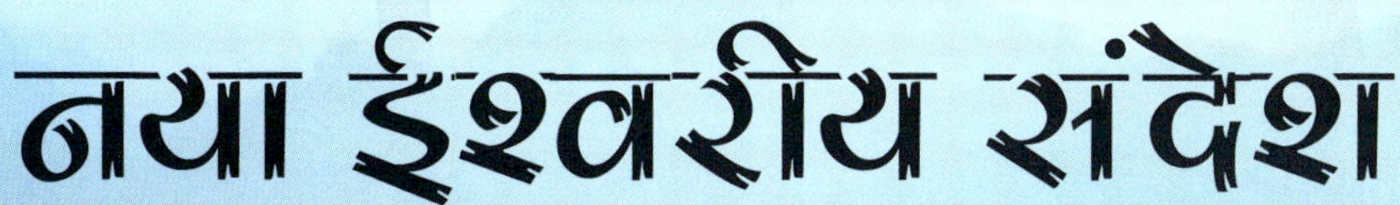

नया ईश्वरीय संदेश

मदर टेरेसा ने कई सालों तक शिक्षण कार्य जारी रखा, लेकिन वे शहर के बाहर की परिस्थितियों-दंगों, भारतीय स्वतंत्रता संग्राम और बंगाल के भयंकर अकाल (1943) से तटस्थ नहीं रहीं।

10 सितंबर 1946 को मदर टेरेसा को परमेश्वर का दूसरा संदेश मिला जिसने उनके जीवन को हमेशा के लिए बदल दिया। जब वे ट्रेन से कोलकाता से दार्जिलिंग जा रही थीं, तभी प्रभु यीशु ने उनसे बात की और उन्हें शिक्षण कार्य छोड़ देने और निर्धनतम तथा बीमार लोगों की सेवा करने को कहा।

मदर टेरेसा ने आज्ञापालन की शपथ ली थी, इसलिए वे बिना अनुमति के स्कूल नहीं छोड़ सकती थीं। जनवरी, 1948 में उन्हें स्थानीय आर्कबिशप फर्डिनांड परेरा से इस नए सेवाकार्य को शुरू करने की अनुमति मिल गई।

ग़रीबों की सेवा

अगस्त, 1948 में मदर टेरेसा ने कॉन्वेंट स्कूल का जीवन छोड़ दिया और नीली किनारी वाली सफ़ेद साड़ी पहनना शुरू कर दिया। अपने शेष जीवन उन्होंने यही परिधान पहना।

पटना में मेडिकल मिशन सिस्टर्स में एक शॉर्ट कोर्स करने के बाद मदर टेरेसा कोलकाता लौट आईं और अस्थायी रूप से लिटिल सिस्टर्स ऑफ द पुअर में रहने लगीं।

दिसंबर, 1948 में वे ग़रीबों की सेवा के लिए कोलकाता की झुग्गी बस्तियों में गईं।

मदर टेरेसा ने ईश्वर के संदेश को ठोस कार्यों में बदला और शहर के ग़रीबों की मदद करने लगीं। उन्होंने एक मुक्ताकाशी स्कूल शुरू किया। उनके पास स्लेट, श्यामपट और अन्य सामान नहीं था, इसलिए वे मिट्टी पर छड़ी से चित्र बनाकर बच्चों को पढ़ाने लगीं।

साल भर के अंदर ही उनके साथी और कॉन्वेंट के विद्यार्थी भी उनके इस महान कार्य में साथ देने आ गए।

निराशा और संशय पर जीत

मदर टेरेसा ने ग़रीबों की सहायता का काम शुरू तो कर दिया था, लेकिन उन्हें इस काम में धन की कमी आड़े आने लगी। उन्हें खाना, दवाइयों और ऐसे ही अन्य सामान के लिए लोगों से भीख माँगनी पड़ती थी, और कई बार निराश भी होना पड़ता था। हालाँकि, प्रभु यीशु के प्रति प्रेम के कारण उन्होंने ग़रीबों के लिए काम करना जारी रखा। वे उन्हें भोजन कराती रहीं, पढ़ाती रहीं और उनकी देखभाल करती रहीं।

MISSIONARIES
OF
CHARITY

अक्टूबर 1950 में उन्हें होली सी से एक नया संगठन, द मिशनरीज़ ऑफ चैरिटी शुरू करने की अनुमति मिल गई। शुरुआत में उनके साथ केवल बारह सदस्य थे, जिनमें से अधिकतर सेंट मेरीज़ स्कूल के पूर्व शिक्षक या विद्यार्थी थे। संगठन का उद्देश्य भूखे-नंगों, बेघरों, विकलांगों, नेत्रहीनों, कुष्ठरोगियों की देखभाल करना था। समाज से ठुकराए सारे पीड़ित लोगों को संगठन में शरण मिलने लगी। समाज उन लोगों को बोझ समझता था, लेकिन मदर टेरेसा उन सबको अपना रही थीं।

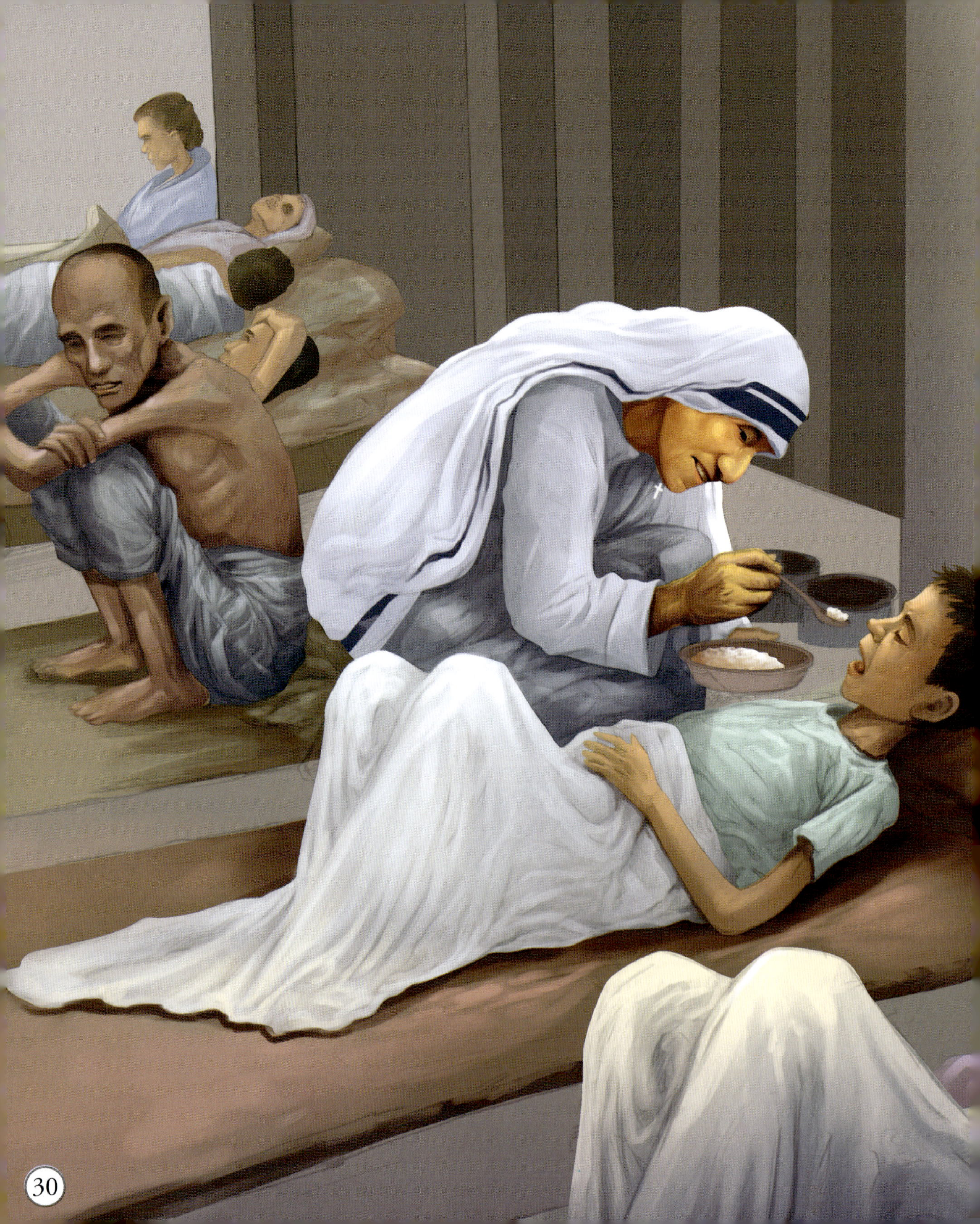

ज़रूरतमंदों की माँ

मदर टेरेसा को यह बात बहुत अखरती थी कि ग़रीबों, बेघरों और रोगियों को लोग कोलकाता की सड़कों पर मरने के लिए असहाय हालत में छोड़ देते थे। उनके अनुसार, "अकेलापन और समाज से ठुकराए जाने का अहसास सबसे बड़ी ग़रीबी थी।"

1952 में उन्होंने एक निःशुल्क आश्रम स्थापित किया और उसका नाम निर्मल हृदय रखा।

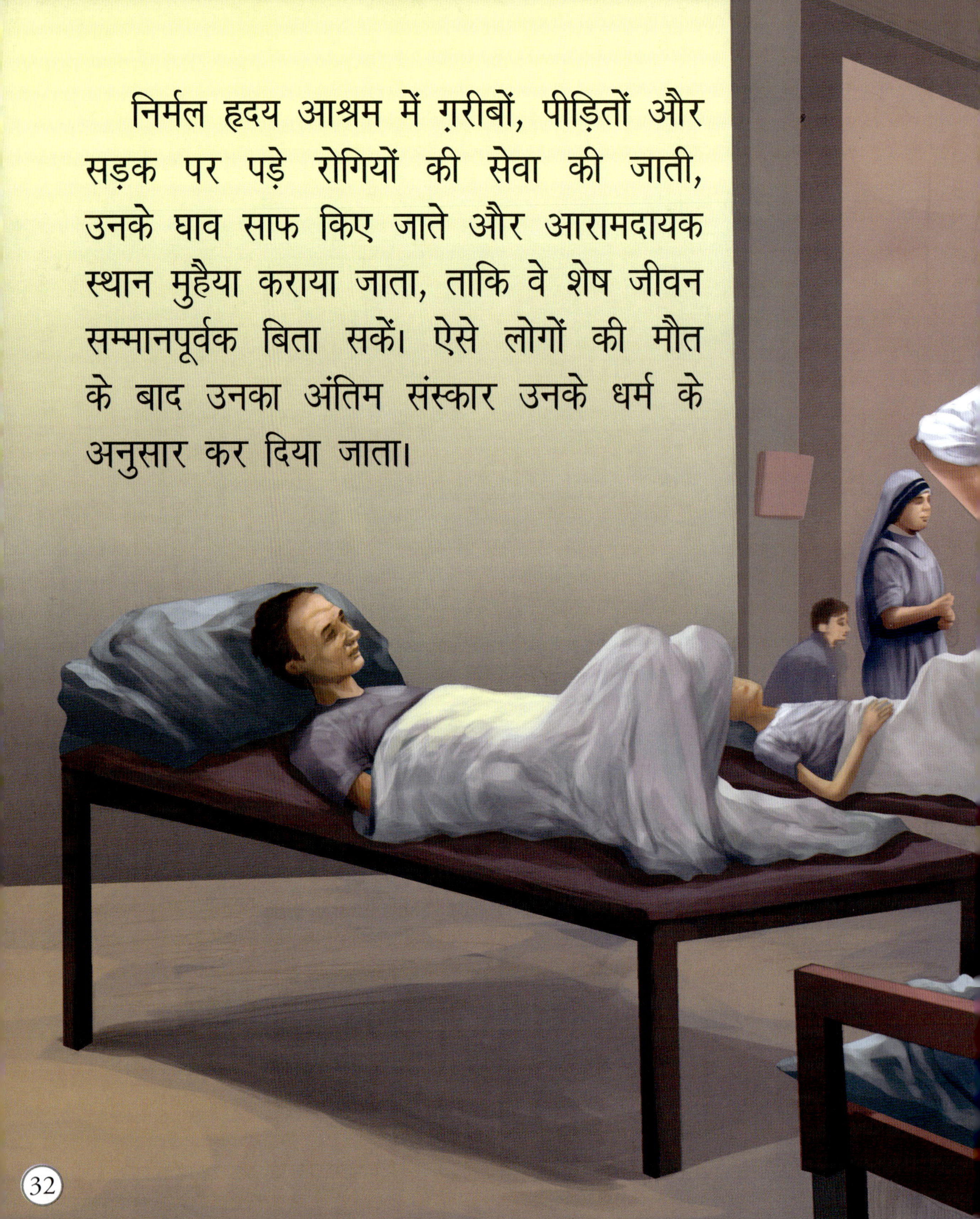

निर्मल हृदय आश्रम में ग़रीबों, पीड़ितों और सड़क पर पड़े रोगियों की सेवा की जाती, उनके घाव साफ किए जाते और आरामदायक स्थान मुहैया कराया जाता, ताकि वे शेष जीवन सम्मानपूर्वक बिता सकें। ऐसे लोगों की मौत के बाद उनका अंतिम संस्कार उनके धर्म के अनुसार कर दिया जाता।

आशा और प्रेम की ज्योति

मदर टेरेसा का काम यहीं नहीं थमा। निर्मल हृदय की स्थापना के बाद उन्हें अहसास हुआ कि शहर में कुष्ठरोगियों की बहुत बड़ी संख्या है, जिन्हें उनके परिजन कुष्ठरोग के कारण घरों से निकाल देते थे। मिशनरीज़ ऑफ चैरिटी ने आसनसोल के पास कुष्ठरोगियों के लिए एक बस्ती बनाई जिसे शांतिनगर नाम दिया गया।

मिशनरीज़ ऑफ चैरिटी ने ऐसे कई अस्पताल और केंद्र स्थापित किए जिनमें कुष्ठरोगियों को बुनियादी उपचार और देखभाल उपलब्ध कराई जाती थी।

मदर टेरेसा ने 1955 में निर्मला शिशु भवन स्थापित किया, जिसमें बेघर, अनाथ और सड़क पर रहने वाले बच्चे रखे जाने लगे।

मदर टेरेसा और मिशनरीज़ ऑफ चैरिटी की चर्चा जल्द ही दुनिया भर में होने लगी। भारत सरकार ने भी उन्हें इमारतें उपलब्ध कराने में मदद की, ताकि वे ग़रीबों और रोगियों की सेवा के अपने कार्य को आगे बढ़ा सकें। अनेक धनी सहृदय व्यक्तियों ने भी उनके मिशन को सहायता देना शुरू कर दिया।

1960 में मिशनरीज़ ऑफ चैरिटी ने अपनी दसवीं वर्षगाँठ मनाई। इसी साल उसे भारत में ही कोलकाता से बाहर आश्रम स्थापित करने की अनुमति मिल गई। कुछ ही समय में दिल्ली, राँची और झाँसी में आश्रम स्थापित किए गए। कई और जगह भी आश्रम स्थापित किए गए।

अंतरराष्ट्रीय सेवा और परोपकार

मिशनरीज़ ऑफ चैरिटी की 15वीं वर्षगाँठ पर पोप जॉन पॉल षष्ठम ने उसे भारत से बाहर आश्रम स्थापित करने की अनुमति दे दी। मदर टेरेसा अपने इस काम के लिए धन जुटाने के लिए विदेशों में भी गईं। अनेक भाषाएँ धाराप्रवाह बोल लेने के कारण उन्हें बहुत मदद मिली। उनके अंदर लोगों तक अपनी बात पहुँचाने की और लोगों को अपना बनाने की अद्‌भुत क्षमता थी।

मिशनरीज़ ऑफ चैरिटी की पहली शाखा वेनेजुएला में स्थापित की गई। इसके बाद जल्द ही रोम और तंज़ानिया में और फिर हर महाद्वीप में इसकी शाखाएँ स्थापित की गईं।

1963 में मदर टेरेसा ने कोलकाता में मिशनरीज़ ऑफ चैरिटी ब्रदर्स की भी स्थापना की, जिसके जरिए दुनिया में शांति और प्रसन्नता लाने के उनके प्रयासों में पुरुष भी साथ देने लगे। 2013 तक 21 देशों में इनका काम फैल चुका था।

मदर टेरेसा ने कई ग़ैर-कैथोलिक संगठन भी स्थापित किए, जिनका उद्देश्य ग़रीबों और असहायों की सेवा करना था।

1971 में मदर टेरेसा न्यूयॉर्क गईं, जहाँ उन्होंने एड्स पीड़ितों के लिए भोजनालय और आश्रम शुरू किया।

शांति और सद्भावना की प्रतीक

मदर टेरेसा ने दुनिया में शांति और स्थायित्व लाने के लिए बहुत काम किया। 1982 में सीज ऑफ बेरूत के पास उन्होंने फ़िलिस्तीनी गुरिल्ला लड़ाकों और इज़राइली सेना के बीच लड़ाई रुकवाकर आग से जल रहे एक अस्पताल में फँसे 37 बच्चों को बचाया था। वे रेडक्रॉस के कार्यकर्ताओं के साथ युद्धक्षेत्र में जाकर बच्चों को सुरक्षित निकाल लाई थीं।

मदर टेरेसा 1988 में स्पितिक में आए भूकंप के बाद आर्मेनिया भी गईं। अपनी सिस्टरों के साथ उन्होंने भूकंप में फँसे लोगों को बचाने के लिए अथक प्रयास किया। भूकंप पीड़ितों को उन्होंने दवाएँ और भोजन उपलब्ध कराया।

मदर टेरेसा ने इथियोपिया में भी काफी समय तक काम किया। भुखमरी से पीड़ित देश में उन्होंने भोजन और ज़रूरी सामान पहुँचाया।

उनका एक और महत्वपूर्ण सेवा कार्य 1986 में चेरनोबिल परमाणु दुर्घटना के समय देखने को मिला। उक्रेन में हुई इस दुर्घटना में परमाणु संयंत्र में हुए विस्फोट के कारण लोग विकिरण के शिकार हुए थे।

पुरस्कार और उपलब्धियाँ

मदर टेरेसा को अपने जीवनकाल में अनेक पुरस्कार मिले। उन्हें मिले कुछ विशिष्ट पुरस्कारों में भारत सरकार से 1962 में मिला पद्मश्री पुरस्कार भी शामिल है, जो उन्हें समाज की बेहतरी के लिए उनके महान योगदान के सम्मान में दिया गया था। पद्मश्री पुरस्कार देश के सर्वोच्च नागरिक सम्मानों में शामिल है।

1962 में फिलीपींस सरकार ने अंतरराष्ट्रीय सद्भावना के लिए मदर टेरेसा को प्रतिष्ठित रेमन मैगसेसे पुरस्कार से सम्मानित किया।

ग़रीबी और दुखों से दुनिया को मुक्ति दिलाने की दिशा में उनके कार्यों के सम्मान में मदर टेरेसा को 1979 में नोबेल शांति पुरस्कार दिया गया। मदर टेरेसा ने अपने स्वभाव के अनुसार नोबेल पुरस्कार के रूप में मिली धनराशि को ग़रीबों में दान कर दिया।

1980 में भारत सरकार ने मदर टेरेसा को देश के सर्वोच्च नागरिक सम्मान भारत रत्न से सम्मानित किया।

1994 में उनके मूल देश अल्बानिया ने भी उन्हें देश का सर्वोच्च नागरिक सम्मान गोल्डन ऑनर ऑफ द नेशन प्रदान किया।

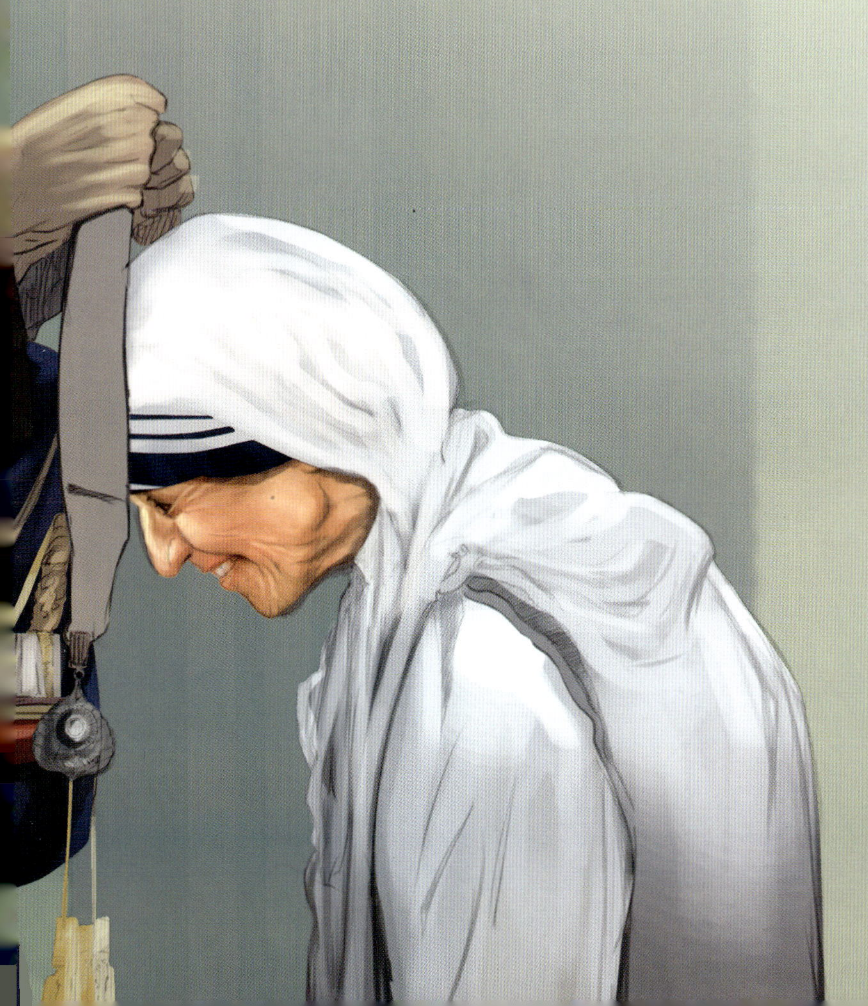

1982 में मदर टेरेसा को ऑर्डर ऑफ ऑस्ट्रेलिया का मानद सदस्य नियुक्त किया गया। यह पुरस्कार ऑस्ट्रेलियाई नागरिकों को दिए जाने वाले सर्वोच्च सम्मानों में से एक है और यह बहुत ही विशिष्ट परिस्थितियों में यह ग़ैर ऑस्ट्रेलियाई व्यक्ति को दिया जाता है।

1983 में मदर टेरेसा को मानवीय कार्यों के लिए ब्रिटिश सरकार ने ऑर्डर ऑफ मेरिट से सम्मानित किया। दो साल बाद अमेरिकी सरकार ने उन्हें प्रेसीडेंशियल मेडल फॉर फ्रीडम प्रदान किया।

परमेश्वर के साथ एकाकार

1983 के बाद से मदर टेरेसा की सेहत में गिरावट आने लगी। पोप जॉन पॉल द्वितीय से मिलने जब वे रोम गई थीं, तभी उन्हें दिल का पहला दौरा पड़ा था। हालाँकि, उन्होंने हार नहीं मानी। 1989 में उन्हें दिल का दूसरा दौरा पड़ गया। उन्हें कृत्रिम पेसमेकर लगाना पड़ गया। कुछ ही समय बाद, जब 1991 में मदर टेरेसा मेक्सिको में थीं, तभी वे बुरी तरह से निमोनिया के चपेट में आ गईं।

अगस्त, 1996 में मदर टेरेसा मलेरिया से भी पीड़ित हो गईं, जिसके बाद से वे बहुत कमज़ोर और अशक्त हो गईं। उनके दिल पर भी काफी असर पड़ा।

मदर टेरेसा ने सेहत में आई गिरावट के कारण आख़िरकार 13 मार्च, 1997 को मिशनरीज़ ऑफ चैरिटी से त्यागपत्र दे दिया। उसी साल 5 सितंबर को उनका देहांत हो गया। मदर टेरेसा ने मानवसेवा का कार्य अकेले शुरू किया था, लेकिन दुनिया भर के करीब 120 देशों में मिशनरीज़ ऑफ चैरिटी की 4 हजार से ज्यादा सिस्टरें वे छोड़ गईं।

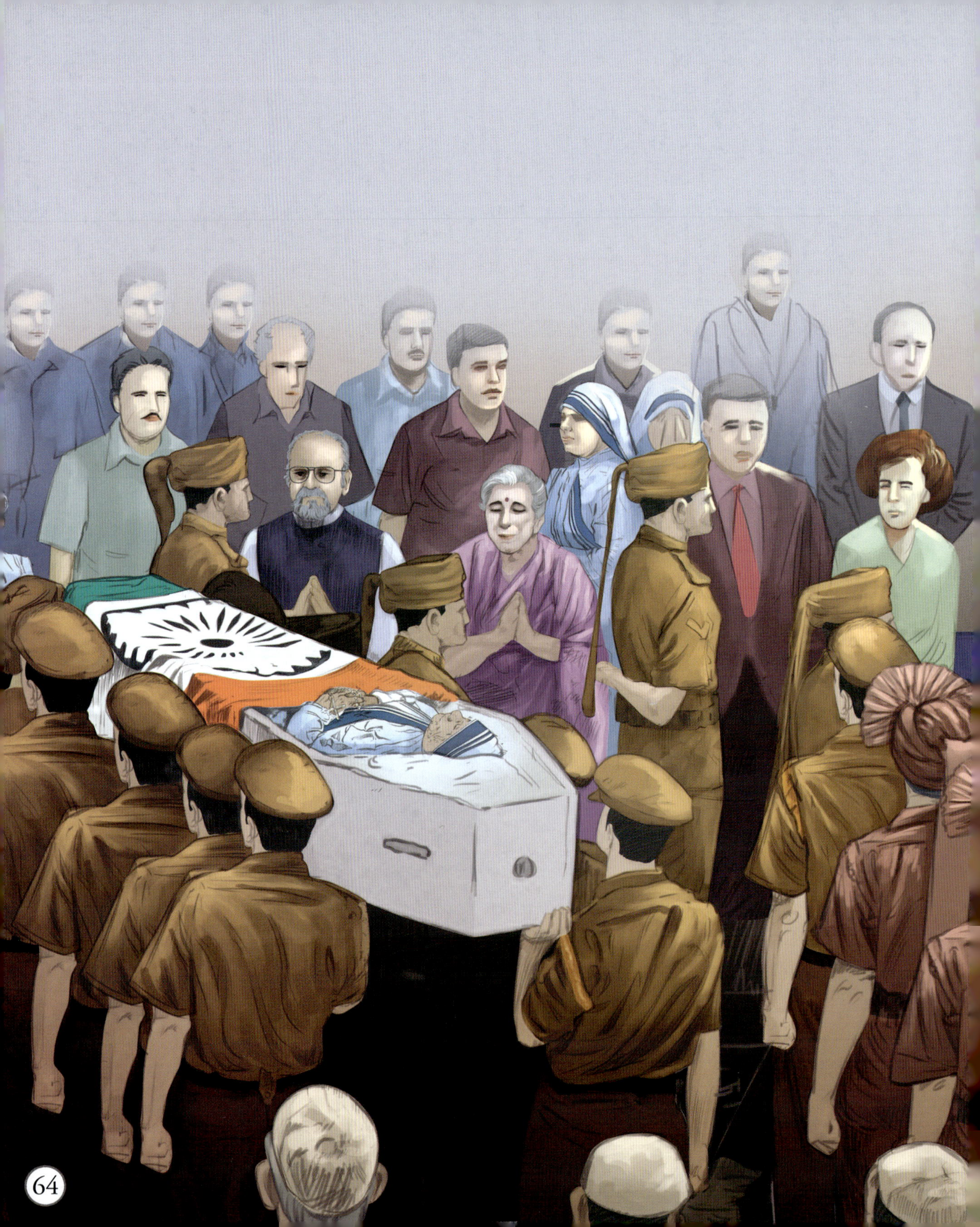

उनके कड़े परिश्रम और सेवाकार्यों के प्रति सम्मान व्यक्त करते हुए भारत सरकार ने मदर टेरेसा का अंतिम संस्कार पूरे राजकीय सम्मान के साथ किया। उनके निधन पर सभी देशों के राष्ट्राध्यक्षों समेत संयुक्त राष्ट्र के तत्कालीन महासचिव जनरल जेवियर पेरेज डी कुइयार ने भी शोक व्यक्त किया था। जनरल जेवियर ने अपने शोक संदेश में कहा था, "मदर टेरेसा ही संयुक्त राष्ट्र हैं। मदर टेरेसा ही विश्वशांति हैं।"

ब्लेस्ड टेरेसा ऑफ कोलकाता

कैथोलिक जगत ने मदर टेरेसा को परमेश्वर के कार्य के लिए अनेक पुरस्कार दिए। 1971 में पोप जॉन पॉल षष्ठम ने उन्हें ग़रीबों की सेवा के लिए पोप जॉन तेईस शांति पुरस्कार प्रदान किया।

पोप जॉन पॉल द्वितीय ने उनको संत घोषित किए जाने की प्रक्रिया शुरू करवाई थी। हालाँकि, वेटिकन के नियमों के अनुसार संत घोषित किए जाने के लिए यह ज़रूरी था कि उनकी मौत के बाद वे कोई चमत्कार करें ताकि यह साबित हो सके कि उनके पास दिव्य शक्तियाँ थीं।

अंत में, मदर टेरेसा की एक अनुयायी मोनिका बेसरा ने घोषित किया कि जब वे भयानक कैंसर से पीड़ित थीं, तभी एक रात को मदर टेरेसा की तस्वीर से प्रकाश की एक किरण निकली थी। उन्होंने मदर टेरेसा से उनकी मदद करने के लिए प्रार्थना की, और अगले ही दिन डॉक्टरों ने उन्हें पूरी तरह से रोगमुक्त कर दिया था।

यह चमत्कार मदर टेरेसा की पहली पुण्यतिथि को हुआ था।

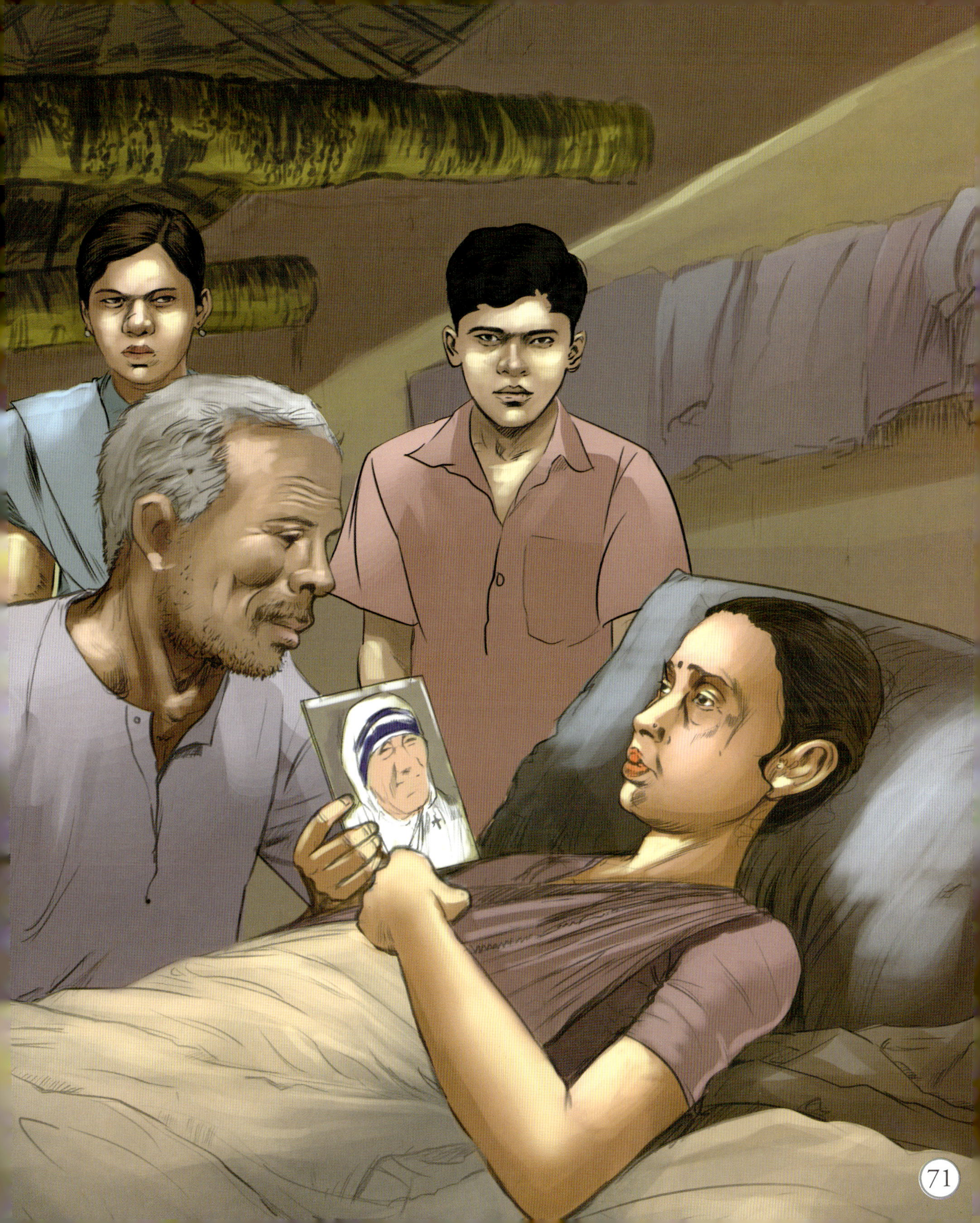

हालाँकि, इस पर बहुत मतभेद रहे लेकिन होली फादर ने आखिरकार, 2002 में इसे चमत्कार के रूप में स्वीकार किया और पोप जॉन पॉल द्वितीय ने 19 अक्टूबर 2003 को वेटिकन सिटी में मदर टेरेसा को ब्लेस्ड टेरेसा ऑफ कोलकाता की उपाधि से अलंकृत किया।

संत घोषित होने के लिए इस अलंकरण के बाद एक और चमत्कार की ज़रूरत थी।

MOTHER M TERESA M.C.
FOUNDRESS
OF THE
OF CHARITY

चिरनिद्रा में लीन

मदर टेरेसा का शव कोलकाता में मिशनरीज़ ऑफ चैरिटी के मदर हाउस में भूतल पर दफनाया गया। उनकी समाधि दुनिया भर के लोगों के लिए तीर्थ और ध्यान का केंद्र बन चुकी है।

Mother Teresa
USA44
2010

मदर टेरेसा की सराहना

"सेंट ऑफ गटर्स" के नाम से मशहूर मदर टेरेसा को दुनिया भर के लोगों से आदर और सम्मान हासिल हुआ। उनकी सौवीं जयंती पर पोप बेनेडिक्ट सोलहवें ने अपने विशेष संदेश में कहा था, "इस वर्ष चर्च और समूची दुनिया ईश्वर के प्रति सुखद आभार व्यक्त करेगी, जिसने मदर टेरेसा के रूप में एक अनमोल उपहार दुनिया को दिया था, जिसने जीवन भर स्नेह और अथक परिश्रम के साथ मानव सेवा की।"

5 सितंबर 2010 को अमेरिकी डाक विभाग ने मदर टेरेसा के सम्मान में एक स्मारक डाक टिकट जारी किया।

अनेक जाने-माने व्यक्तियों ने मदर टेरेसा की सराहना की। उनके बारे में व्यक्त कुछ लोगों के उद्गार यहाँ दिए जा रहे हैं:

"उन्होंने हमें एक मज़बूत संदेश दिया, जिसकी कोई सीमा नहीं है, और वह आस्था से भी परे है: सहायता, श्रवण, एकता," फ्रांस के पूर्व राष्ट्रपति जैक शिराक।

“समूची मानवता की क्षति हुई है। अंतरराष्ट्रीय शांति, तथा न्यायपूर्ण, सहृदय और समतामूलक विश्व-व्यवस्था बनाने के अपने प्रयासों में हमें सदैव उनकी कमी का अहसास होगा,” दक्षिण अफ्रीका के स्वर्गीय राष्ट्रपति नेल्सन मंडेला।